VEHÍCULOS MOTORIZADOS

LOS HOT RODS

por Alissa Thielges

amicus LEARNING

pista

motor

Busca estas palabras e imágenes mientras lees.

neumático

llamas

¡Vaya! Qué auto tan genial.
Es un hot rod.

Los hot rods están
hechos para la velocidad.
Se utilizan en las carreras.

25

¿Ves la pista?
Es corta y recta.
Los autos compiten en ella.

pista

¿Ves el motor?
Es grande. Le da al auto
la máxima velocidad.

motor

Silvertown Radial

neumático

¿Ves el neumático?
Es ancho.
Tiene una franja blanca.

¿Ves las llamas?
Están pintadas.
El diseño de pintura hace
que el auto se destaque.

llamas

¿Listo para correr?

¡Vamos!

pista

motor

¿Lo encontraste?

neumático

llamas

Publicado por Amicus Learning, un sello de Amicus
P.O. Box 227, Mankato, MN 56002
www.amicuspublishing.us

Library of Congress Cataloging-in-Publication Data
Names: Thielges, Alissa, 1995- author.
Title: Los hot rods / by Alissa Thielges.
Other titles: Hot rods. Spanish
Description: Mankato, MN : Amicus Learning, [2026] | Series: Vehículos motorizados | Audience: Ages 4–7 | Audience: Grades K–1 | Summary: "Hot rods are fast, old-fashioned cars that are customized for car shows and drag racing. Translated into North American Spanish, this search-and-find book reinforces new vocabulary words with simple facts and compelling photographs to teach kindergarten readers about motorsports"— Provided by publisher.
Identifiers: LCCN 2024051305 (print) | LCCN 2024051306 (ebook) | ISBN 9798892006620 (library binding) | ISBN 9798892007221 (paperback) | ISBN 9798892007825 (ebook)
Subjects: LCSH: Hot rods—Juvenile literature. | Automobiles—Customizing—Juvenile literature. | CYAC: Hot rods. | Automobiles.
Classification: LCC TL236.3 .T56418 2026 (print) | LCC TL236.3 (ebook) | DDC 629.228/6-dc23/eng/20241216

Ana Brauer, editora
Deb Miner, diseñador de la serie
Sara Hood, diseñador de libro y investigación fotográfica

Créditos de Imágenes: Alamy Stock Photo/Ferenc Konya, 6–7, horst friedrichs, 4–5, Richard McDowell, 14, Robert Teed, 3; Dreamstime/ Fascinating Cars, 10–11, Lynette F Gram, 1; Shutterstock/Jason Osborne, cover, Philip Pilosian, 8–9, Pichit Kaewbutta, 12–13